TRAITÉ

DU

DROIT DES GENS.

TRAITÉ

DU

DROIT DES GENS;

DÉDIÉ

AUX SOUVERAINS ALLIÉS

ET

A LEURS MINISTRES.

EXTRAIT D'UN OUVRAGE DE KANT.

par Conr. Oelsner

PARIS,

ADRIEN ÉGRON, IMPRIMEUR–LIBRAIRE,

rue des Noyers, n° 37.

1814.

AVERTISSEMENT.

Le Traité que nous publions n'est qu'un morceau détaché d'un plus grand ouvrage qui a paru en 1796, sous le titre d'*Elémens Métaphysiques de la Jurisprudence et du Droit des Gens*. L'importance du moment nous a engagé à le mettre en français. Kant semble avoir écrit de pressentiment ; ses vues s'adaptent aux circonstances actuelles. Les Souverains alliés ont porté la civilisation morale dans la guerre et la politique, que le préjugé vulgaire n'en croyait pas susceptibles. D'après ce dont nous avons été témoins dans l'espace de peu de jours, il est permis d'espérer que le congrès permanent qu'on propose ne restera pas un simple vœu.

Œ.

TRAITÉ

DU

DROIT DES GENS.

§ Ier.

Principes élémentaires du Droit des gens.

Les sociétés politiques sont, de leur nature, indépendantes (1) l'une de l'autre, et elles tendent à se maintenir telles.

Dans l'état d'indépendance sauvage rien ne règle leurs relations extérieures.

L'arbitraire et la force s'y exercent de plein droit.

Il en résulte un état de guerre perpétuelle, qui subsiste, quoique les hostilités ne soient pas absolument permanentes.

---

(1) Toute société politique, soumise à la loi d'une autre, n'est qu'une puissance équivoque (*civitas hybrida*) comme l'Irlande avant l'acte de réunion, et la Confédération du Rhin sous le protectorat.

La lassitude amène la trève.

Mais la trève n'en serait pas une, sans un accord mutuel.

Cet accord, pour s'assurer un repos momentané, est le premier pas que font les sociétés politiques pour sortir de l'état sauvage.

Elles substituent, à des procédés bruts, un procédé de méthode.

Le terme de la trève détermine le commencement des hostilités.

Cependant la permanence de la guerre expose les sociétés politiques à des hasards perpétuels de la part du plus fort.

Pour obvier à cet inconvénient, des unions se forment entre deux ou plusieurs puissances.

Le but de l'union est la défense contre les attaques extérieures.

Elle n'a aucun droit de s'immiscer dans les affaires intérieures de l'un ou de l'autre des alliés.

L'union ne connaît point d'autorité souveraine, comme la société civile.

C'est une simple confédération dissoluble, selon les intérêts du moment, et qui a besoin d'être renouvelée de temps en temps.

Elle ne saurait exercer qu'un droit de secours (*in subsidium*), pour empêcher qu'on ne retombe dans l'état de guerre (*fœdus Amphyctionum*).

A l'aide de ces unions, les relations extérieures de peuple à peuple cessent d'être exclusivement hostiles ; elles habituent les sociétés politiques à des formes de conduite qui, subsistant indépendamment des traités, constituent ce qu'on peut appeler l'étiquette du droit des gens.

§ II.

Des Traités.

Pour traiter, il faut avoir la qualité requise, celle de puissance. L'étiquette exige qu'on soit reconnu pour telle.

Les traités, embrassant plus ou moins de rapports, selon que les intérêts se multiplient et que la prévoyance se développe, ne doivent définitivement avoir en vue que la paix.

S'il en était autrement, ils tendraient à perpétuer la guerre.

Ce but serait absurde, puisqu'il tendrait à ramener l'état sauvage, qui ne connaît point de traités.

Pour le temps que dure le traité, il arrache au vague de l'arbitraire toute cette portion de droits que la convention embrasse.

La guerre qui lui succède n'est plus qu'un état de passage pour arriver à des relations pacifiques.

§ III.

Du Droit des gens au renouvellement de la guerre.

Tant qu'il n'y aura pas d'arbitre pour juger les différends de peuple à peuple dans les formes d'un procès entre particuliers, une société politique rentrera dans l'état de guerre chaque fois qu'elle se croira lésée.

N'ayant d'autre mode légitime pour obtenir justice que son propre pouvoir, elle l'emploiera de plein droit.

Il faut distinguer la première offense de la première hostilité, puisque la lésion effective peut être précédée par des menaces.

Les menaces consistent :

D'une part, dans les armemens (1) sur lesquels est fondé le droit de prévenir l'ennemi (*jus præventionis*);

De l'autre, dans l'accroissement des forces, par lequel une puissance devient très-redoutable aux autres (*potentia tremenda*).

Cet accroissement, par le fait seul de son existence, et précédemment à tout acte d'hostilité, est de la part du plus fort une lésion des autres.

Dans l'état d'indépendance sauvage, cette lésion n'a rien d'illégitime; mais c'est de ce genre de lésion que provient d'une autre part le droit d'équilibre de toutes les puissances qui se touchent réciproquement.

Quant à la lésion effective, elle comprend les représailles (*retorsio*), c'est-à-dire, la vengeance qu'on exerce de son propre chef, à cause d'une offense reçue, et sans avoir auparavant cherché la réparation par des voies pacifiques. Les

---

(1) La conscription militaire, telle que nous l'avons vue établie en France, peut être considérée comme un armement continuel.

représailles ressemblent dans ce cas à une guerre entreprise sans déclaration.

L'opinion exige comme un devoir le préalable de la déclaration.

Cette déclaration fait supposer que le mode d'action, proposé par elle, a été accepté, et que les adversaires sont convenus de poursuivre leur droit par la voie des hostilités.

La guerre entreprise sans déclaration est regardée comme un acte d'assassinat (1).

§ IV.

Du Droit des gens pendant la guerre.

Le droit des gens pendant la guerre est la chose la plus délicate qu'il soit possible de concevoir. Comment prescrire des lois à un état d'indépendance qui n'en reconnaît point ? (*inter arma silent leges.*)

Un principe cependant paraît incontestable, c'est celui de faire la guerre d'après des maximes qui laissent la possibilité de revenir à la paix.

La guerre entre des puissances ne peut, à cause de leur indépendance réciproque, être une guerre de punition (*bellum punitivum*) ; car la punition ne peut avoir lieu que dans le

---

(1) Telle était la dernière guerre que Bonaparte a faite à l'Empereur de Russie.

rapport d'un supérieur (*imperantis*) à un sujet (*subditum*), et les puissances ne se trouvent pas dans cette relation.

La guerre ne saurait être non plus une guerre à mort (*bellum internecinum*), ni une guerre d'asservissement (*bellum subjugatorium*), qui est l'extermination morale d'un état dont le peuple est, ou fondu dans la masse du vainqueur, ou réduit à l'esclavage.

Cette dernière ressource pour arriver à la paix, n'est pas en contradiction avec le droit absolu du vainqueur; mais elle est contraire à la conception primitive du droit des gens.

Fondé sur l'idée d'une opposition exercée d'après le principe d'indépendance extérieure pour se maintenir dans la possession de ce qu'on tient, le droit des gens ne saurait admettre un mode d'acquisition qui, par l'accroissement de la puissance d'un état, deviendrait dangereux et menaçant pour tous les autres.

Tous les moyens de défense sont permis à l'état qui est en butte à des hostilités, à l'exception de ceux dont l'emploi effacerait dans ses sujets la qualité de citoyens, et les rendrait incapables d'être membres d'une société politique; car le résultat de ces mesures rendrait le prince, ou l'Etat lui-même, incapable de jouir, dans ses rapports extérieurs, des mêmes droits que les autres puissances.

Ainsi l'Etat ne doit pas employer ses sujets à lui servir d'empoisonneurs et d'assassins, il ne doit pas même les employer comme espions, comme chasseurs - *tyro-*

liens (1), ni comme faussaires et faux monnoyeurs, ni comme colporteurs de fausses nouvelles.

Il faut qu'il évite tous les moyens perfides qui détruiraient la confiance nécessaire à l'établissement futur d'une paix solide.

La nécessité de vivre pendant la guerre permet à l'ennemi d'imposer des contributions et d'exiger des fournitures des pays qu'il occupe; il n'a pas le droit de piller les individus, parce que ce n'est pas aux sujets, mais à l'État qui leur commande qu'on fait la guerre.

§ V.

Du Droit des gens après la guerre, et au moment où l'on traite de la paix.

Le vainqueur fixe les conditions dont il faut convenir avec le vaincu, pour arriver à la paix.

Il les fixe, non pas en vertu de quelque prétexte de droit qui lui revient à cause de la prétendue lésion de la part de son adversaire; il les fixe en vertu de son pouvoir.

C'est pourquoi le vainqueur ne doit pas prétendre à être indemnisé des frais de la guerre, parce qu'alors il déclarerait la guerre de son adversaire injuste; et, quoiqu'il puisse agir par ce motif, il ne lui est pas permis de le révéler, parce

---

(1) On entend, par cette expression, des chasseurs de métier placés en embuscade.

qu'alors il déclarerait sa guerre une guerre de punition, ce qui serait une nouvelle offense.

L'échange des prisonniers sans rançon et sans égard à leur nombre, fait partie du droit des gens après la guerre.

L'Etat vaincu, ou ses sujets, ne perdent pas, par la conquête de leur pays, leur existence ou liberté politique, de manière que l'Etat vaincu devienne une dépendance de l'autre et ses sujets des serfs; car ce serait une guerre de punition.

La servitude peut d'autant moins être le résultat de la guerre, que ce serait punir l'Etat sur ses sujets, qui n'ont été que ses instrumens, et n'ont fait qu'obéir.

Une servitude héréditaire est encore moins admissible, parce que c'est une chose absurde de prétendre que quelqu'un puisse hériter de la punition d'autrui.

§ VI.

Du Droit des gens durant la paix.

Le droit de la paix consiste dans le droit,

1° De garder la paix, tandis que le voisinage est en guerre : c'est le droit de la neutralité;

2° De se faire donner une garantie de la durée de la paix;

3° De former des associations mutuelles, pour se mettre à l'abri des attaques.

Le droit de la paix ne donne pas celui de former une Confédération pour attaquer et pour s'agrandir.

§ VII.

De l'Ennemi pervers.

Le droit des puissances contre l'ennemi pervers ne connaît point de bornes, non pas relativement à l'espèce, mais bien relativement à la force des moyens ; c'est-à-dire, elles ont le droit d'employer contre lui tous les moyens permis, jusqu'au dernier degré.

Mais qu'est-ce qu'il faut entendre par l'ennemi pervers ?

C'est un ennemi plus que barbare, qui ne se contente pas de jouir de l'exercice du pouvoir que lui permet l'état d'indépendance sauvage où chaque puissance est son propre juge dans sa cause, mais dont la volonté, publiquement énoncée par des paroles ou des faits, trahit une maxime de conduite qui, si elle devenait loi générale, rendrait l'état de paix impossible, et servirait à perpétuer celui de la brutalité guerrière.

Telle est la lésion de tous les traités publics et de toutes les habitudes conventionnelles (1) ; lésion qui attaque tous les peuples, puisqu'elle menace la liberté et l'indépendance

---

(1) La conduite de Bonaparte envers le pape, l'Espagne et l'électeur de Hesse.

de tous ; lésion qui les provoque tous à se rallier, pour lui ôter la puissance dont il abuse.

Mais les peuples alliés, pour mettre un terme à l'abus du pouvoir, n'ont pas le droit de se partager le pays de l'ennemi pervers, ni d'effacer, pour ainsi dire, un État de la terre : car ce serait une injustice contre le peuple, qui ne peut pas perdre son droit primitif de constituer une société politique.

On peut néanmoins forcer ce peuple d'adopter une nouvelle constitution, qui, de sa nature, soit contraire aux projets de l'ennemi pervers.

§ VIII.

Des Progrès du Droit des gens.

Comme l'état brut des peuples est un état dont il faut esssayer de sortir, parce qu'il ne remplit pas le vœu de la raison, qui nous sollicite d'arriver à une existence régulière, tout le droit des peuples, ainsi que toute possession acquise, ou maintenue par la guerre, n'est qu'un état provisoire, et ne peut devenir définitif que par une association générale de toutes les sociétés politiques, suivant l'analogie du contrat par lequel un assemblage de familles devient un état, ce qui amènerait une véritable paix.

Mais comme par l'extension géographique un seul corps ne serait pas capable d'accorder à tous les membres de la confédération une protection égale et suffisante, et que plusieurs de ces réunions retombent nécessairement dans l'état de guerre, la paix perpétuelle, ce dernier but du droit des gens, devient une idée inexécutable.

Mais, en prenant pour base de l'indépendance les limites naturelles des habitudes et du langage, il est possible de suivre des maximes tendant à réaliser des unions politiques qui nous rapprochent continuellement de la paix perpétuelle.

Ces maximes sont exécutables ; la raison les commande comme un devoir.

Ainsi le droit des gens est fondé sur celui de l'être raisonnable et sur le droit des sociétés politiques en général.

Une pareille union de différens Etats constituerait un congrès permanent, et il serait permis à tout voisin de s'y associer.

Relativement à l'étiquette du droit des gens, autant qu'elle peut contribuer à maintenir la paix, un semblable congrès a existé déjà pendant la première moitié du dix-huitième siècle. Les états-généraux, assemblés à La Haye, représentaient un congrès d'étiquette diplomatique. Les ministres des principales cours de l'Europe, aussi bien que ceux des républiques, y énonçaient leurs griefs contre les iniquités éprouvées de la part d'une autre puissance ; ils regardaient l'Europe comme une confédération commune, que les puissances choisissaient pour arbitre de leurs différends.

Dans la suite, cette idée du droit des gens a disparu des cabinets, ou ne s'est reproduite qu'après l'exercice des hostilités, dans des déductions destinées à être ensevelies dans les archives.

On entend par congrès une réunion arbitraire de plusieurs Etats, dissoluble dans tous les temps.

L'union qui, comme les Etats-Unis d'Amérique, fondée sur une constitution, et par conséquent indissoluble, est tout-à-fait étrangère à notre idée.

Le congrès, tel que nous le proposons, est l'unique moyen de rendre réelle l'idée d'un droit public. Si elle était exécutée, les querelles politiques pourraient, jusqu'à un certain point, être jugées dans une forme civile, au lieu qu'aujourd'hui on en décide, à la manière des Barbares, par la force des armes.

§ IX.

Du Droit cosmopolitique.

L'idée d'une relation universelle et pacifique, quoiqu'elle ne soit pas encore amicale, de tous les peuples de la terre entre lesquels il peut y avoir de la réciprocité d'action, n'est pas seulement un principe de philantropie, mais un principe de droit.

La nature les a renfermés tous dans des limites déterminées par la forme sphérique de leur séjour (*globus terraqueus*); et comme la possession du sol sur lequel vivent les habitans d'un pays, n'est jamais que la possession d'une partie du grand ensemble déterminé sur lequel chacun exerce un droit primitif, tous les peuples se trouvent originairement dans une communauté de sol.

Cette communauté n'est pas celle de la possession légitime (*communio*), ni par conséquent celle de la disposition ou de la propriété du sol, mais celle du contact (*com-*

mercium), en vertu de laquelle ils ont le droit de se mettre en relation, sans que la tentative de le faire puisse être regardée comme hostile.

Ce droit, autant qu'il aboutit à réunir tous les peuples autour de quelques principes généraux qui puissent servir de bases à leurs relations possib'es, s'appelle le droit cosmopolitique (*jus cosmopoliticum*).

Les mers semblent mettre les peuples hors de toute communication; mais elles sont, par le moyen de la navigation, les voies les plus heureuses pour communiquer. Ainsi la liberté des mers est de droit cosmopolitique.

Il est vrai que les établissemens qu'entraîne la navigation deviennent la cause de beaucoup de violences. Cet abus ne détruit pas le droit de l'habitant du globe d'essayer de communiquer avec tous, et de visiter dans ce dessein toutes les contrées de la terre.

Le droit de communiquer avec un autre peuple n'amène pas celui de s'établir sur son sol. Pour cet effet, il faut une convention (*jus incolatûs*).

Mais on a le droit de faire des établissemens dans un pays nouvellement découvert, et dans le voisinage d'un peuple qui en a déjà pris possession, même d'en faire sans son consentement, à condition que l'établissement se fasse à une distance convenable, et n'attaque point l'usage d'autrui.

Lorsque l'établissement se fait dans un pays occupé par des peuples nomades-pasteurs, comme les Hottentots et les Tunguses, ou chasseurs, comme les indigènes du nord de l'Amérique, dont la subsistance dépend d'une grande étendue de sol, il faut un contrat fait de bonne foi.

Et si le changement qu'on se propose ne devait rester qu'un simple vœu, nous ne commettons certainement pas d'erreur, en réglant notre conduite sur la maxime dont l'application générale pourrait conduire à la paix ; car si nous pouvions regarder comme une erreur la loi morale qui nous commande cette maxime, il vaudrait mieux renoncer à la raison, et nous abandonner par principe au simple mécanisme de la nature, à l'exemple des autres classes d'animaux.

FIN.